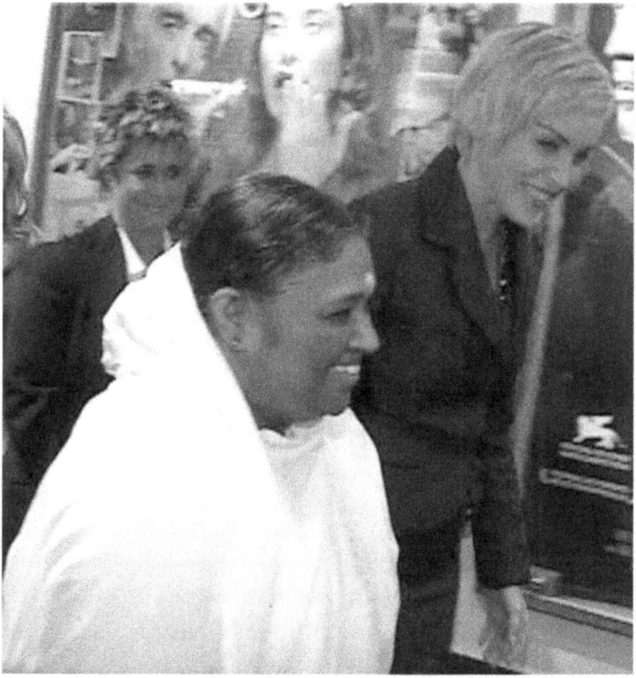

Introducción

El acto tuvo lugar en el teatro de la Plaza de la Bastilla, en el centro de París, dentro del Festival de Cine organizado en 2007 por Cinéma Vérité. También participaron otros dignatarios en este festival. Entre ellos, el premio Nobel de la Paz de 1997, Jody Williams, la famosa actriz, nominada a los Oscars, Sharon Stone y la abogada Bianca Jagger, destacada defensora de los derechos humanos.

Amma fue presentada a la audiencia por Sharon Stone y Jan Kounen. Éste dijo: "No hay realmente nadie más cualificado para hablar de paz que Amma. No sólo lleva una vida en paz, sino que despierta la paz... Estamos muy satisfechos de tener la oportunidad de honrar a Amma con el primer premio anual de Cinéma Vérité por su contribución a la paz y la armonía mundial".

A continuación, Kounen habló de su experiencia durante la filmación de su película sobre Amma, refiriéndose a ella como un ser humano con poder para transformar a los demás. Dijo: "Me siento afortunado de ser un director que ha podido elegir los temas de sus películas. Eso me ha dado

La compasión: el único camino hacia la Paz

Un discurso de
Sri Mata Amritanandamayi

con motivo del
Festival Cinematografico
Cinéma Vérité 2007

París, Francia, 12 de octubre de 2007

Mata Amritanandamayi Center, San Ramon
California, Estados Unidos

La compasión: el único camino hacia la Paz
Traducción inglesa por: Swami Amritaswarupananda Puri
Traducido del inglés por Patricio Hernández Pérez

Pubblicado por el
  Mata Amritanandamayi Center
  P.O. Box 613
  San Ramon, CA 94583
  Estados Unidos

----- *Compassion, the only way to Peace (Spanish)*-----

Copyright © 2008 por el Mata Amritanandamayi Mission Trust, Amritapuri, Kerala 690546, India
Todos los derechos reservados.

Todos los derechos reservados. No se permite la reproducción total o parcial de este libro, ni su incorporación a un sistema informático, ni su transmisión, reproducción, transcripción o traducción a ninguna lengua, en ningún formato y por ninguna editorial.

Primera edición por MA Center: septiembre de 2016

En España: www.amma-spain.org
  fundación@amma-spain.org

En la India:
  inform@amritapuri.org
  www.amritapuri.org

Introducción

la oportunidad de dedicar tiempo a Amma y, así, descubrir lo que está haciendo y llegar a comprender quién es ella. He podido hacer un viaje y traer conmigo algo de ese viaje, la película *Darshan*. Esto me ha permitido comunicar quién es Amma, lo cual puede verse, percibirse y experimentarse a lo largo del tiempo que le dediqué en la película. Para mí constituyó una doble oportunidad, ya que transmití el mensaje de Amma a otras personas y fui testigo de la vida de un ser humano capaz de transformar a los demás".

Kounen, quien ha dirigido películas de ficción, así como documentales sobre culturas místicas, dijo que su experiencia durante la filmación de Amma fue única. "Personalmente he tratado temas relacionados con la espiritualidad, con sanadores, con personas que hacían milagros. Pero con Amma observé que lo mágico es algo que tú puedes realmente ver, algo que ella está haciendo delante de tus ojos. Eso es lo más asombroso de ella. Cosas que puedes ver con tus propios ojos. Y sólo hay que captarlo en la película, verlo y dar a los demás la oportunidad de que también lo vean. Me gustaría agradecerle la oportunidad de realizar esta película. Gracias".

La compasión: el único camino hacia la Paz

Sharon Stone intervino a continuación para hablar sobre Amma: "Presentar a una santa es difícil, pero filmar a un ángel parece imposible". La película *Darshan* es extraordinariamente inspiradora. La vida de una persona que se da al servicio de los demás es algo a lo que todos podemos aspirar, ya que se trata de una elección. Es una elección de entregarse al servicio de los demás. Tal como Milton dijo cuando estaba perdiendo su vista: "El sólo hecho de detenerse y esperar puede ser un acto de servicio, si de ese modo servimos a otra persona". Atravesamos una época en el mundo en la que hay mucha más necesidad que antes. Una época en la que tenemos que detenernos y aguardar antes de decidir nuestra acción, pues debemos optar por la bondad, la amabilidad y aquello que beneficie a los demás.

"Amma ha dedicado toda su vida a ayudar a los demás. Ha abrazado a 26 millones de personas. Ella lo ha hecho como una acción de entrega, pero también de ejemplo. Un ejemplo de bondad, de consideración y de servicio a los demás. La idea de servicio está presente en su abrazo y en su vida llena de bondad. Por favor, demos la bienvenida no sólo a esta santa y a este ángel, sino también a esta persona de bondad activa."

La actriz Sharon Stone, nominada a los premios Oscar en 2007, ha entregado a Amma el primer Premio Cinéma Vérité como reconocimiento a su contribución a la paz y la armonía en el mundo

A continuación, y como símbolo del aprecio de Cinéma Vérité por Amma y su tarea, Sharon Stone le hizo entrega de un collar y medallón de plata, que fue recibido con una fuerte ovación por parte del público que llenaba el teatro.

En su conferencia: "La compasión: el único camino hacia la Paz", Amma hizo un análisis realista y constructivo de los problemas que afronta el mundo actual, señalando las áreas específicas de disonancia y ofreciendo una perspectiva compasiva que permita su rectificación.

Al tiempo que aceptaba que la guerra no puede ser totalmente erradicada, Amma se lamentaba de su deterioro en aspectos éticos y de códigos de conducta. Explicó cómo en la antigüedad los soldados de a pie sólo luchaban con los de su misma clase, los jinetes con los jinetes, etc., cómo no estaba permitido atacar a soldados desarmados o herir a mujeres y niños, cómo la lucha se detenía al atardecer y sólo se reanudaba al amanecer. "Esa era la naturaleza general de una guerra dhármica [recta]", dijo Amma. "Era tradicional que el enemigo fuera considerado con respeto y amabilidad, tanto en el campo de batalla como fuera de él. Se respetaba el sentimiento y la cultura

Introducción

de los ciudadanos del reino enemigo. Esa era la valerosa perspectiva de las gentes de entonces."

Amma dijo que la guerra moderna era algo completamente diferente: "el país enemigo es destruido utilizando todas las vías posibles. Los conquistadores hunden y monopolizan la tierra, y los recursos naturales y riquezas del país derrotado se utilizan para satisfacer intereses egoístas. Se destruye la cultura y la tradición, transmitidas a lo largo de generaciones, y se mata sin piedad a personas inocentes."

Además, Amma pidió a los líderes mundiales que abandonen sus viejas nociones e ideas respecto a la guerra. "Es hora de poner fin a la crueldad y a la violencia que las que ha hecho gala el ser humano en nombre de la guerra," dijo ella. "La guerra es el producto de mentes incivilizadas. Todos esos viejos esquemas tendrían que caer y ser reemplazados por las nuevas hojas, las flores y los frutos de la compasión y la belleza. Gradualmente, podemos destruir nuestro demonio interior —el 'deseo de guerra' — que es una maldición tanto para la humanidad como para la Naturaleza. Así podremos entrar en una nueva era con esperanzas de paz y felicidad."

La compasión: el único camino hacia la Paz

El siguiente aspecto conflictivo al que se refirió Amma fue el que se da entre ciencia y religión. "En realidad, la religión y la ciencia deberían ir unidas", dijo Amma. "Tanto la ciencia sin religión como la religión sin ciencia están incompletas. Pero la sociedad está tratando de segregarnos en personas religiosas y personas de ciencia." Amma aseguró que, en realidad, ciencia y religión son bastante similares en sus propósitos. La primera investigando en el laboratorio externo y la otra en el interno. Amma dijo: "'¿Cuál es la naturaleza del mundo experimentado? ¿Cómo funciona en perfecta armonía? ¿De dónde procede? ¿Adónde se dirige? ¿Adónde llegará? ¿Quién soy yo? Esas eran sus preguntas. ¿Quién plantea esa clase de preguntas, las personas de fe o las de ciencia? Ambas lo hacen."

"Tenemos que aprender las lecciones que nos ofrece la historia, pero no vivir en el pasado", concluyó Amma. "La unidad de la ciencia y la espiritualidad nos ayudará a salir de los oscuros pasillos del pasado y a entrar en la luz de la paz, la armonía y la unidad."

Amma también se refirió al conflicto inter-religioso diciendo que a causa de movimientos humanos de mentes estrechas e ignorantes, que debían haber sido fuente de luz, se han convertido en generadores de sombras. "La espiritualidad es la llave que puede abrir nuestros corazones y ver a todos los seres con compasión", dijo Amma. "Pero nuestras mentes, cegadas por el egoísmo, han perdido su capacidad de juicio, nuestra visión se ha vuelto distorsionada. Este egoísmo solo servirá para crear más oscuridad. Utilizando la misma llave que abría nuestros corazones, nuestra mente, carente de discernimiento, los ha cerrado."

Una gran parte del discurso de Amma se centró en el incremento de la falta de armonía entre el ser humano y la Naturaleza, y sus terribles repercusiones: terremotos, tsunamis, calentamiento global, climatología extrema, sequías, etc. De nuevo, Amma comparó la situación actual con la de tiempos pasados. "En la antigüedad, no había necesidad de adoptar medidas específicas para la conservación medioambiental, dado que la protección de la Naturaleza formaba parte del culto a Dios y parte de la vida misma", dijo ella. "Más que recordar a 'Dios', las personas solían amar y servir a la Naturaleza y a la sociedad. Ellas veían al Creador a través de la creación. Amaban, adoraban y protegían a la Naturaleza como una forma visible de Dios."

Amma ofreció una serie de sugerencias sobre cómo restaurar la armonía perdida entre la humanidad y la Naturaleza: mayores restricciones a las industrias contaminantes, compartir los vehículos y utilizar la bicicleta en distancias cortas, mantenimiento de huertas familiares y plantación de un árbol mensual por parte de cada individuo.

"La Naturaleza es nuestra primera madre", dijo Amma. "Hemos sido alimentados con la leche de esta madre. Nuestra madre biológica puede que nos deje sentarnos en su regazo un par de años, pero la Madre Naturaleza soporta pacientemente nuestro peso durante toda la vida. Ella nos canta, nos alimenta y nos acaricia. Así como un niño se siente agradecido hacia su madre biológica, nosotros también tenemos una obligación y responsabilidad hacia la Madre Naturaleza. Si nos olvidamos de esta responsabilidad, es como olvidarnos de nuestro propio ser. Si damos la espalda a la Naturaleza, dejaremos de existir, encaminándonos hacia la muerte."

A lo largo de su discurso, Amma expresó su convicción de que, sea cual sea el área conflictiva, la única y verdadera salida es la compasión. "La compasión es la base que sostiene la paz", dijo Amma. "La compasión reside en el interior de

Introducción

---

todos los seres humanos. Sin embargo, es difícil experimentarla y expresarla en todas nuestras acciones... Debemos volvernos hacia dentro y profundizar en nosotros mismos... Si queremos ofrecer paz al mundo exterior, nuestro mundo interior tiene que estar en paz."

Traducida simultáneamente por auriculares tanto en inglés como francés, la conferencia de Amma fue seguida por el auditorio con fuertes y numerosos aplausos. Después de la conferencia, la noche concluyó no en meras palabras, sino en acción. Amma abrazó a cada uno de los asistentes al programa con su cariñoso *darshan*.

Swami Amritaswarupananda Puri
Vice-Presidente del
Mata Amritanandamayi Math

La compasión: el único camino hacia la Paz

Por Sri Mata Amritanandamayi

Desde los orígenes del mundo, ha habido conflictos. Considerar que es imposible erradicarlos totalmente, causa una gran ansiedad. Pero, ¿acaso no es esa la verdad? La razón estriba en que el bien y el mal existirán siempre en el mundo. En la lucha por aceptar el bien y rechazar el mal, no puede descartarse totalmente la posibilidad de que se dé el conflicto. Ese conflicto se ha manifestado en casi todos los países bajo disputas internas, guerras o golpes de estado. Aunque la mayoría de las guerras han tenido como fin la protección de intereses adquiridos, también ha habido enfrentamientos en los que, en contadas ocasiones, se ha tenido en cuenta el sentimiento general de la gente y se ha conseguido un gran avance.

La compasión: el único camino hacia la Paz

Desgraciadamente, en la mayoría de las guerras realizadas por los hombres no se ha luchado por la verdad y la justicia. Han estado motivadas por el egoísmo.

Desde hace unos 5.000 años y hasta el gobierno del gran rey indio, Chandragupta Maurya, el fundador de la dinastía Maurya, la verdad y el *dharma* [rectitud] jugaban un importante papel en las guerras que se produjeron en la India. Incluso entonces, la derrota y, si era necesario, la destrucción del enemigo formaban parte de la guerra. Sin embargo, había reglas claras que había que seguir en el campo de batalla y durante el combate.

Por ejemplo, a los soldados que iban a pie, sólo se les permitía luchar con idénticos soldados. Los jinetes con los jinetes. Los soldados que iban en elefantes o los aurigas con sus respectivos enemigos. La misma regla se aplicaba a los soldados que luchaban con mazas, espadas, lanzas o arcos y flechas. A un soldado no se le permitía atacar a un soldado herido o desarmado. No se les permitía atacar a mujeres, niños, ancianos o enfermos. Las batallas se iniciaban al amanecer con el sonido de la concha y acababan justo al atardecer. A continuación los soldados de ambos lados olvidaban su enemistad mutua y cenaban juntos. La batalla se reanudaba al día siguiente al amanecer.

Había incluso reyes victoriosos que devolvían el reino y todas las riquezas conquistadas a los reyes que habían derrotado o a sus legítimos herederos. Esa era la naturaleza general de una guerra dhármica. Era tradicional que el enemigo fuera considerado con respeto y amabilidad, tanto en el campo de batalla como fuera de él. Se respetaba el sentimiento y la cultura de los ciudadanos del reino enemigo. Esa era la valerosa perspectiva de las gentes de entonces.

Altualmente, para prevenir ataques terroristas, se adoptan abundantes y estrictas medidas de seguridad en los aeropuertos y otras instalaciones. Aunque tales medidas sean necesarias para nuestra seguridad física, no constituyen la solución final. De hecho, hay un explosivo concreto que es el más destructivo de todos. Y ninguna máquina lo puede detectar. Es el odio, el rechazo y la venganza que se encuentran en la mente humana.

Amma recuerda una historia sobre esta cuestión.

El dirigente de cierta población celebraba el centenario de su nacimiento. A su fiesta acudieron muchos dignatarios y periodistas. Uno de los periodistas le preguntó: "¿De qué se siente más orgulloso en toda esta larga vida?"

El anciano respondió: "Bien, he vivido cien años, pero no he tenido ningún enemigo en todo este planeta".

"¡Es realmente asombroso!", dijo el periodista. "Espero que su vida inspire a otros. ¿Me podría decir cómo lo ha conseguido?"

El anciano le contestó: "Ha sido muy sencillo. ¡Me he asegurado de que ninguno de ellos siguiera vivo!"

Si no erradicamos nuestras emociones destructivas, no acabará la guerra ni la violencia.

En las guerras actuales, el país enemigo es destruido utilizando todas las vías posibles. Los conquistadores hunden y monopolizan la tierra, y los recursos naturales y riquezas del país derrotado se utilizan para satisfacer intereses egoístas. Se destruye la cultura y la tradición, transmitidas a lo largo de generaciones, y se mata sin piedad a personas inocentes.

Además, no podemos calcular la cantidad de materias tóxicas que emiten las bombas y otras armas, contaminando la atmósfera y el suelo. ¡Cuántas generaciones se verán forzadas a sufrir física y mentalmente esas consecuencias! En la guerra, lo único que se consigue es muerte, pobreza, hambre y epidemias. Esos son los regalos de la guerra para la humanidad.

A menudo, los países ricos instigan las guerras sólo para promover la venta de sus armas más avanzadas. En toda acción que realicemos, incluso en la guerra, la meta debe ser la protección de la verdad y el *dharma*. Amma no está diciendo que la guerra sea inevitable. En principio, no hay una época en la que la guerra sea necesaria. Pero, ¿vamos a ser capaces de erradicar completamente la guerra del mundo externo mientras el conflicto permanezca en la mente de los seres humanos? Eso es algo que realmente deberíamos contemplar.

La principal razón de algunos conflictos en el mundo actual es la separación entre ciencia y religión. En realidad, la religión y la ciencia deberían ir unidas. Tanto la ciencia sin religión como la religión sin ciencia están incompletas.

Pero la sociedad está tratando de segregarnos en personas religiosas y personas de ciencia. Los científicos dicen que la religión y la espiritualidad se basan en una fe ciega, mientras que la ciencia se basa en hechos que han sido probados mediante experimentación. La cuestión es ¿en qué lado te encuentras? ¿En el de la fe o en el de los hechos probados?

Es incorrecto decir que la religión y la espiritualidad se basan en una fe ciega y que sus principios no han sido probados. De hecho, los maestros espirituales pueden haber realizado hasta una investigación más exhaustiva que la de los científicos modernos. Así como los científicos modernos investigan el mundo externo, los grandes sabios realizaron su investigación en los laboratorios internos de sus mentes. Visto de este modo, ellos también eran científicos. En realidad, el fundamento de la auténtica religión no es una fe ciega, sino "*shraddha*". *Sraddha* es investigación, una intensa exploración interna del ser personal.

¿Cuál es la naturaleza del mundo experimentado? ¿Cómo funciona en perfecta armonía? ¿De dónde procede? ¿Adónde se dirige? ¿Adónde llegará? ¿Quién soy yo? Esas eran sus preguntas. ¿Quién plantea esa clase de preguntas, las personas de fe o las de ciencia? Ambas lo hacen.

Los sabios de tiempos pasados fueron grandes intelectuales, pero también fueron videntes que realizaron la Verdad. Los intelectuales son realmente un activo social. Sin embargo, no bastan las palabras y los pensamientos. Las personas que viven esos principios son las que realmente dan vida y belleza a esas palabras y pensamientos.

Hace tiempo, hubo un mahatma [gran alma] que escribió un libro titulado *La compasión en la vida*. A fin de conseguir los fondos para su publicación, se dirigió a algunas personas conocidas para que lo patrocinaran. Sin embargo, cuando ya estaba a punto de enviar el libro a la imprenta, se produjo una hambruna en el pueblo y muchas personas empezaron a morir. Sin pensárselo dos veces, el mahatma destinó el dinero del libro a alimentar a los pobres y hambrientos. Sus patrocinadores se sintieron decepcionados y le preguntaron: "¿Qué has hecho? ¿Cómo vas a imprimir el libro? La pobreza y la hambruna son algo corriente. Nacer y morir es algo que siempre se dará en este mundo. No ha sido correcto emplear tal cantidad de dinero en una calamidad natural". El mahatma no dijo nada, se limitó a sonreír.

Pasado un tiempo, el mahatma volvió a las mismas personas con la idea de imprimir el libro. Aunque al principio dudaron, le dieron el dinero. Pero el día anterior al de su impresión, hubo una gran inundación. Miles de personas murieron y otras muchas perdieron sus hogares y pertenencias. De nuevo, decidió entregar el dinero a las víctimas

La compasión: el único camino hacia la Paz

del desastre. En esta ocasión, los patrocinadores se sintieron todavía más molestos. Le expresaron al mahatma su descontento con duras palabras, pero éste no reaccionó y se limitó a sonreír.

Cuando finalmente se publicó el libro, llevaba por titulo *La compasión en la vida: Tercer volumen*. Extrañados, los patrocinadores le preguntaron: ¿Cómo siendo un *sannyasin*, un seguidor de la verdad, te atreves a mentir de este modo? ¿Cómo puedes afirmar que este libro es el "tercer" volumen? ¿Dónde están los volúmenes primero y segundo? ¿No estarás tratando de volvernos locos?"

El mahatma contestó: "Realmente, éste es el tercer volumen. El primer volumen fue cuando el pueblo sufrió la hambruna. El segundo volumen fue cuando las inundaciones se llevaron a miles de personas inocentes y muchas posesiones. Los dos primeros volúmenes nos muestran cómo desarrollar la compasión a nivel práctico. Mis queridos amigos, los libros solo son palabras inertes. Cuando un ser humano clama pidiendo ayuda, si no somos capaces de tenderle una mano afectuosa para ayudarle, ¿qué sentido tiene que un libro nos describa lo que es la compasión?"

Si queremos dar vida y conciencia a nuestras palabras y pensamientos, tenemos que ponerlas en práctica. Para alcanzar esta meta, debemos buscar un camino en el que la religión y la ciencia moderna avancen en armonía. Esta unidad no debería ser meramente externa. Necesitamos actuar con decisión para comprender e integrar los aspectos de la religión y la ciencia que sean beneficiosos para la sociedad.

Si una mente es puramente científica, no será compasiva. Se inclinará más bien a atacar, dominar y acosar a los demás. Sin embargo, cuando el intelecto científico posee una comprensión de la espiritualidad —la esencia interna de la religión—, surge espontáneamente en él la compasión y empatía hacia todos los seres vivos.

La historia del mundo contiene, fundamentalmente, episodios de hostilidad, venganza y odio. Los ríos de sangre que ha derramado el hombre, en su intento por conseguirlo todo y dominar a los demás, todavía no se han secado. De hecho, cuando miramos al pasado, parece que la raza humana no haya tenido nunca la más mínima compasión, dada la crueldad de sus acciones.

Tenemos que aprender las lecciones que nos ofrece la historia, pero no vivir en el pasado. La unidad de la ciencia y la espiritualidad nos ayudará a salir de los oscuros pasillos del pasado y a entrar en la luz de la paz, la armonía y la unidad.

La espiritualidad es la llave que puede abrir nuestros corazones y ver a todos los seres con compasión. Pero nuestras mentes, cegadas por el egoísmo, han perdido su capacidad de juicio, nuestra visión se ha vuelto distorsionada. Este egoísmo solo servirá para crear más oscuridad. Utilizando la misma llave que abría nuestros corazones, nuestra mente, carente de discernimiento, los ha cerrado.

Existe una historia acerca de cuatro hombres que iban a asistir a un congreso religioso y tuvieron que pasar la noche en una isla. Era una noche muy fría. Cada viajero llevaba en su bolsa una caja de cerillas y un paquete de leña, pero cada uno creía que era el único lo llevaba.

Uno de ellos pensó: "Por el medallón que lleva colgado, creo que ese hombre pertenece a alguna otra religión. Si enciendo el fuego, él también se beneficiará del calor. ¿Por qué voy a utilizar mi preciosa leña para que se caliente él?"

El segundo hombre pensó: "Esa persona es de otro país que siempre ha estado combatiendo contra nosotros. ¡Ni soñando le permitiría que se sintiera cómodo utilizando mi leña!"

El tercer hombre miró a uno de los otros y pensó: "Conozco a ese individuo. Pertenece a una secta que siempre ha estado creando problemas a mi religión. ¡No voy a malgastar mi leña para beneficiarlo!

El cuarto hombre pensó: "La piel de ese hombre es de diferente color, y no lo puedo soportar. ¡De ninguna manera voy a utilizar mi leña para que se caliente!"

Al final, ninguno de ellos fue capaz de encender su leña para calentar a los demás y, de ese modo, al día siguiente los encontraron a todos muertos de frío. De forma parecida, albergamos enemistad hacia los demás en nombre de la religión, nacionalidad, color de piel y casta, sin mostrar compasión alguna hacia nuestro prójimo.

En nombre de la paz, celebramos un sinfín de congresos. Pero, ¿qué cambios podemos esperar por sentarnos simplemente alrededor de una mesa a hablar? Cuando acabamos de decir nuestros discursos y nos despedimos con un apretón de manos, ¿significa ese gesto una expresión real del calor del amor y de la compasión que sentimos en nuestros corazones? Si no es así, no ha habido auténtico diálogo. Para que haya diálogo verdadero, debe haber unidad sincera y abierta, y deben caer los muros construidos por la hostilidad, las ideas preconcebidas y la venganza.

A todos nos concierne el tema de la protección medioambiental. Sin embargo, no somos capaces de aprender la lección que la Naturaleza trata de enseñarnos. Observad la naturaleza en invierno. Los árboles se desprenden de sus viejas hojas. Ya no dan frutos. Y hasta los pájaros raramente se posan en ellos. Pero nada más llegar la primavera, toda la Naturaleza se transforma. Brotan nuevas hojas de los árboles y arbustos. No tardan en llenarse de flores y dar sus frutos. El canto de los pájaros y el batir de sus alas pueden oírse por todas partes. Toda la naturaleza se vuelve fragante y llena de vitalidad. Los mismos árboles que, sólo unos meses antes, parecían marchitarse estallan ahora con nueva vida, belleza y vitalidad.

Siguiendo el ejemplo de la Naturaleza, los países y sus líderes tendrían que abandonar sus viejas nociones e ideas respecto a la guerra. Es hora de poner fin a la crueldad y a la violencia de las que ha hecho gala el ser humano en nombre de la guerra. La guerra es el producto de mentes incivilizadas. Todos esos viejos esquemas tendrían que caer y ser reemplazados por las nuevas hojas, las flores y los frutos de la compasión y la belleza.

Gradualmente, podemos destruir nuestro demonio interior —el "deseo de guerra"— que es una maldición tanto para la humanidad como para la Naturaleza. Así podremos entrar en una nueva era con esperanzas de paz y felicidad.

La compasión es la base que sostiene la paz. La compasión reside en el interior de todos los seres humanos. Sin embargo, es difícil experimentarla y expresarla en todas nuestras acciones. Debemos volvernos hacia dentro y profundizar en nosotros mismos. "¿Todavía vibra de vida mi corazón? ¿Todavía puedo sentir la fuente del amor y de la compasión en mi interior? ¿Todavía se derrite mi corazón en el dolor y el sufrimiento de los demás? ¿He gritado con aquellos que sufren? ¿He tratado realmente de enjugar las lágrimas del prójimo, lo he consolado o le he dado, al menos, algo de comida y ropa?" De este modo, deberíamos realizar una honesta introspección. Entonces, de forma espontánea, brillará en nuestras mentes la suave luz lunar de la compasión.

Si queremos ofrecer paz al mundo exterior, nuestro mundo interior tiene que estar en paz. La paz no es una resolución intelectual, sino una experiencia.

La compasión: el único camino hacia la Paz

La compasión y la simpatía hacen que un líder sea realmente valeroso. Cualquiera que tenga riqueza, armas y tecnología puede sostener una guerra. Pero nadie puede conquistar el poder del amor y de la unión sincera.

¡Si nuestras mentes, ojos, oídos y manos pudieran comprender y sentir el dolor y el sufrimiento de los demás!, ¿cuántos suicidios se habrían evitado?, ¿cuántas personas habrían recibido comida, ropa y cobijo?, ¿cuántos niños no habrían sido abandonados?, ¿a cuántas mujeres que venden sus cuerpos para vivir se habría ayudado?, ¿a cuántos enfermos que sufren un insoportable dolor se les habría facilitado medicina y tratamiento?, ¿y cuántos conflictos se habrían evitado en nombre del dinero, la fama y el prestigio social?

El primer paso para desarrollar compasión es tratar a todos estos objetos que vemos como inanimados —ya sean rocas, arena, piedras, leña, etc.— con amor y respeto. Si podemos sentir amor y afecto hacia esos objetos inanimados, entonces será fácil desarrollar amor y compasión hacia los árboles, arbustos, pájaros, animales, la vida de los mares, ríos, montañas y todo el resto de la Naturaleza. Si podemos alcanzar este estado, entonces tendremos automáticamente compasión hacia toda la humanidad.

¿No tendríamos que agradecer a la silla y a la roca que nos deja sentarnos y descansar? ¿No tendríamos que expresar nuestra gratitud a la Madre Tierra, que pacientemente nos ofrece su regazo para correr, saltar y jugar sobre ella? ¿No deberíamos agradecer a los pájaros que canten para nosotros, a las flores que nos den su hermosura, a los árboles que nos proporcionen sombra y a los ríos que fluyan para nosotros?

Cada amanecer nos sentimos agradecidos por una nueva salida del sol. En la noche cuando nos olvidamos de todo y dormimos, cualquier cosa podría sucedernos, incluso la muerte. ¿Agradecemos alguna vez al Gran Poder que nos bendice despertándonos a la mañana siguiente y nos permite funcionar como antes sin que nada le haya pasado a nuestro cuerpo o mente? Desde esta perspectiva, ¿no tendríamos que estar agradecidos a todos y a todo? Sólo las personas compasivas son capaces de expresar gratitud.

No tiene sentido la guerra y la muerte causadas por el hombre, ni las lágrimas derramadas por todas las víctimas inocentes de esas tragedias. ¿Para qué se hicieron? Para conquistar, estableciendo una superioridad y satisfaciendo así nuestra avaricia de dinero y fama. La humanidad ha asumido innumerables maldiciones. Para liberarse de ellas, cientos de generaciones futuras deberían enjugar las lágrimas de los que sufren, esforzarse por consolarlos y aliviarles el dolor. Al menos ahora, como expiación, ¿no tendríamos que hacer una introspección?

Ni el poder del hambre ni el de los líderes egoístas, quienes han tratado de proteger sus propios intereses, han logrado paz y felicidad conquistando al mundo y persiguiendo a la gente. Sus muertes y sus vidas fueron un infierno sobre la tierra. La historia ha probado esta gran verdad. Por eso deberíamos aceptar con gratitud esta preciosa oportunidad de avanzar por el camino de la paz y la compasión.

Nunca nos llevamos nada de lo conseguido cuando abandonamos este mundo. Tenemos que aprender a ser desapasionados y no apegarnos al mundo y sus objetos, dándonos cuenta de que ellos nunca nos darán una felicidad auténtica y duradera.

Como todos saben, Alejandro Magno fue un gran guerrero y gobernante que conquistó casi una tercera parte del mundo. Quería convertirse en el emperador del mundo entero, pero cayó herido de muerte en una batalla. Pocos días antes de morir, Alejandro llamó a sus ministros y les explicó cómo quería ser enterrado. Les dijo que deseaba que hicieran dos orificios a cada lado del ataúd para que pudiera tener los brazos fuera y las palmas de la mano extendidas hacia el cielo. Los ministros le preguntaron por qué quería ser enterrado así.

Alejandro explicó que, de este modo, todos podrían saber que el "Gran Alejandro", el que había luchado toda su vida por poseer y conquistar el mundo, lo había dejado con las manos totalmente vacías. Ni siquiera se había llevado su cuerpo con él. Por tanto, todos podrían comprender cuán inútil es dedicar toda una vida a acumular posesiones.

Necesitamos comprender la fugacidad del mundo y sus objetos. Son temporales y nunca podrán venir con nosotros tras la muerte.

Hay un ritmo para todo en el cosmos. El viento, la lluvia, las olas, nuestra respiración, los latidos del corazón, todo tiene un ritmo. De forma parecida, hay un ritmo en la vida. Nuestros pensamientos y acciones crean el ritmo y la melodía de nuestras vidas. Cuando el ritmo de nuestros pensamientos se pierde, se refleja en nuestras acciones. Y esto sacudirá, en consecuencia, el auténtico ritmo de la vida. Hoy en día, eso es lo que estamos viendo alrededor de todos nosotros.

Actualmente, el aire se está volviendo cada vez más contaminado, el agua también. Los ríos se están secando. Los bosques están siendo destruidos. Surgen nuevas enfermedades. Si se continúa así, se prepara un gran desastre para la Naturaleza y la humanidad.

Amma dará un ejemplo para ilustrar los efectos de la contaminación medioambiental. Amma todavía recuerda cómo en su infancia, cuando un niño tenía un rasguño o corte, su madre cubría la herida con boñiga de vaca. Eso le ayudaba a curar más rápidamente. Pero si hacemos ahora esta misma acción, la herida se infectará. Incluso uno podría morir. Actualmente, la boñiga de vaca es tóxica. Lo que antes era medicinal ahora se ha convertido en veneno.

Las actuales generaciones viven como si no existiera ninguna relación con la Naturaleza. Todo alrededor de nosotros es artificial. Actualmente, comemos frutos y granos que crecen con fertilizantes artificiales y pesticidas. Añadimos conservantes para incrementar su período de vida. De este modo, consciente o inconscientemente, estamos comiendo veneno continuamente. Como resultado, cada vez aparecen más enfermedades nuevas. De hecho, tiempo atrás, la esperanza de vida era superior a los 100 años. Pero hoy en día las personas viven 80 años o menos. Además, más del 75 por ciento de la gente sufre alguna enfermedad.

No sólo los alimentos que comemos y el agua que bebemos se han contaminado, también el aire que respiramos se ha llenado de toxinas. Por esta causa, el sistema inmune de la humanidad se está debilitando. Ya hay muchas personas que dependen de un inhalador para respirar, y su número continua aumentando. En unos pocos años, los seres humanos tendrán que caminar con una botella de aire, como los astronautas fuera del espacio. Muchas personas son alérgicas a algo, incluso a las cosas más insignificantes. Debido al incremento de la alienación entre el género humano y la Naturaleza, el vivir se volverá más difícil para nosotros.

Actualmente, no sólo la gente, sino hasta los animales, pájaros y plantas los hacemos crecer desconectados de la Naturaleza. Las plantas salvajes sobrevivirán al margen de la climatología, adaptándose a las condiciones de la Naturaleza.

La compasión: el único camino hacia la Paz

Pero, ¿qué sucede con las plantas de vivero? Ellas no pueden eliminar los parásitos por sí mismas, necesitan que se les aplique pesticidas. Necesitan un cuidado muy especial, por lo que serán incapaces de sobrevivir naturalmente.

Se están destruyendo bosques y se han levantado en su lugar complejos de apartamentos. Muchos pájaros construyen sus nidos en esos complejos. Si echamos un vistazo a esos nidos, veremos que han sido hechos con cables y piezas de plástico. Se debe a que los árboles están disminuyendo. En el futuro, no habrá ni siquiera árboles. Los pájaros están aprendiendo a adaptarse a su nuevo entorno.

La condición de las abejas es similar. Normalmente, las abejas no tienen problemas para viajar desde sus colmenas hasta tres kilómetros en busca del néctar. Pero, en estos días, después de recolectar el néctar, muchas abejas se pierden, incapaces de recordar el camino de vuelta a casa. Incapaces de encontrar sus colmenas, mueren. En cierto modo, gracias a las abejas disponemos de alimentos. Las abejas ayudan a polinizar las plantas que nos ofrecen sus frutas y granos. ¡Qué papel más vital desempeñan las abejas en la preservación de la Naturaleza y la sociedad! De igual forma, la humanidad se beneficia de cada criatura viva. Todos los seres en la tierra dependen de los demás para sobrevivir. Si el motor de un avión está dañado, el avión no será capaz de volar. Incluso, si un simple y vital tornillo está dañado, el avión no podrá volar. Igualmente, hasta el más pequeño de los seres vivos juega un importante papel. Todas las criaturas vivas necesitan igualmente nuestra ayuda para sobrevivir. También somos responsables de ellas.

La población de la tierra está aumentando a diario. Cada vez es más difícil producir suficiente comida y grano para satisfacer la creciente demanda. Por este motivo, los científicos están investigando métodos artificiales para incrementar la productividad de las cosechas, utilizando fertilizantes químicos. Así, las plantas que tardaban seis meses en producir su cosecha, ahora lo hacen en tan solo dos meses. Sin embargo, los valores nutricionales de esos alimentos se han quedado en un tercio de lo que solían tener. Además, la vida de esas plantas se ha reducido drásticamente. Básicamente, vemos que nuestros métodos artificiales se han convertido en un arma de doble filo.

La Naturaleza es como un pato que pone huevos de oro. Pero si matamos al pato y le arrebatamos todos los huevos, entonces lo perderemos todo.

La compasión: el único camino hacia la Paz

Hay que parar la contaminación y la explotación de la Madre Naturaleza. Tenemos que protegerla para asegurar nuestra supervivencia y la de generaciones futuras. La Naturaleza es el árbol que cumple los deseos y ofrece a la humanidad toda la abundancia. Pero, nuestra situación actual es como la de un loco serrando la misma rama sobre la que está sentado.

Si nuestro número de glóbulos blancos crece, podría ser señal de cáncer. No es que los glóbulos blancos sean peligrosos, pero si crecen más allá de un cierto nivel, podemos caer enfermos. De forma parecida, necesitamos los recursos de la Naturaleza para vivir. Pero si los explotamos en demasía y dañamos a la Naturaleza, se volverá peligrosa para nosotros mismos y para los demás seres.

Amma quiere hacer una petición. Que cada persona en este planeta desempeñe su papel para restaurar la armonía de la Naturaleza. En primer lugar, tendríamos que hacer todo lo posible para detener la contaminación. Las factorías y las industrias son necesarias, pero debemos encontrar nuevas vías para reducir la contaminación que producen en el aire y en el agua. También sería conveniente construir las factorías en áreas alejadas de zonas residenciales.

Una de las principales causas de contaminación en las ciudades es el incremento del número de vehículos. Ya hay muchas familias que tienen uno o más coches. Si hay cinco personas que viven en un área y trabajan cerca, tendrían que compartir sus vehículos. Podrían establecer turnos de conducción del coche. De esta forma cinco coches serían reemplazados por uno sólo. Si todo un país hiciera eso, de cada 100.000 vehículos se bajaría a la cifra de 20.000 vehículos circulando. Así disminuiría la contaminación. También ahorraríamos gasolina. Sabemos que la cantidad de petróleo en el mundo está disminuyendo rápidamente. Pero lo más importante es que al compartir nuestros vehículos se incrementaría el amor y la cooperación entre las personas. Amma considera que todos tendrían que poner en práctica este consejo.

Cuando tengamos que hacer un corto recorrido, en lugar de malgastar gasolina, vayamos en bicicleta. Así también haremos ejercicio. Una de las principales razones del incremento de enfermedades actual es la falta de ejercicio. Algunas madres se quejan a Amma de que gastan mucho dinero en el gimnasio de su hijo. Cuando Amma les pregunta cómo van sus hijos al gimnasio, las madres le responden que los llevan en coche,

La compasión: el único camino hacia la Paz

aunque esté a unos pocos kilómetros de distancia. Si sus hijos fueran andando esa distancia harían suficiente ejercicio y se ahorrarían el dinero que se gastan en el gimnasio.

La práctica de mantener huertas está disminuyendo. Aunque sólo tengamos un pequeño trozo de terreno, plantemos algunas verduras y utilicemos fertilizantes orgánicos. Tendríamos que dedicar más tiempo a nuestras plantas. Hablarles y besarlas. Esta relación con la Naturaleza nos dará una nueva vitalidad.

Los bosques desempeñan uno de los más importantes papeles en preservar la armonía de la Naturaleza. Gracias a ellos todavía hay cierta armonía en el mundo actual. Todos los países tendrían que tratar de proteger sus bosques y plantar tantos árboles como sea posible. A nivel particular, deberíamos hacer un voto para plantar al menos un árbol al mes. De este modo, en un año, una persona plantaría 12 árboles. Si todos participaran, en muy poco tiempo podríamos restaurar la belleza de la Naturaleza de cara al mundo. Amma ha oído hablar de un árbol [el Tabonuco del Caribe], cuyas raíces se entrecruzan y forman una red con sus árboles vecinos. De este modo no importa lo fuerte que sea el viento, pues esos árboles se mantienen firmes. Cuando vivamos en armonía con la Naturaleza, en amor y unidad, entonces conseguiremos la fuerza para superar cualquier crisis.

La Naturaleza es nuestra primera madre, hemos sido alimentados con la leche de esta madre. Nuestra madre biológica puede que nos deje sentarnos en su regazo un par de años, pero la Madre Naturaleza soporta pacientemente nuestro peso durante toda la vida. Ella nos canta, nos alimenta y nos acaricia. Así como un niño se siente agradecido hacia su madre biológica, nosotros también tenemos una obligación y responsabilidad hacia la Madre Naturaleza. Si nos olvidamos de esta responsabilidad, es como olvidarnos de nuestro propio ser. Si damos la espalda a la Naturaleza, dejaremos de existir, encaminándonos hacia la muerte.

En la antigüedad, no había necesidad de adoptar medidas específicas para la conservación medioambiental, dado que la protección de la Naturaleza formaba parte del culto a Dios y parte de la vida misma. Más que recordar a "Dios", las personas solían amar y servir a la Naturaleza y a la sociedad. Ellas veían al Creador a través de la creación. Amaban, adoraban y protegían a la Naturaleza como una forma visible de Dios.

La compasión: el único camino hacia la Paz

Más que recordar a "Dios", las personas solían amar y servir a la Naturaleza y a la sociedad. Ellas veían al Creador a través de la creación. Amaban, adoraban y protegían a la Naturaleza como una forma visible de Dios.

La vida se torna satisfactoria cuando la humanidad y la Naturaleza avanzan juntas, en armonía. Cuando la melodía y el ritmo se complementan entre sí, la música resulta bella y placentera al oído. De igual manera, cuando las personas viven de acuerdo con las leyes de la Naturaleza, la vida se convierte en una bella canción.

La Naturaleza es un gran jardín de flores. Los animales, pájaros, árboles, plantas y personas son las flores de diversos colores totalmente florecidas. La belleza de este jardín es completa cuando todo esto existe como un todo, y expande las vibraciones del amor y la unidad. Que todas las mentes se vuelvan unidad amorosa. Trabajemos juntos para que estas diversas flores no se marchiten, de modo que el jardín permanezca eternamente bello.

A Amma le gustaría ahora compartir algunos puntos más que pueden resultar útiles.

1. Imaginemos que la raza humana ha sido eliminada de la faz de la tierra. Que el planeta vuelve a lucir de nuevo la riqueza de su vegetación.

Que el agua y el aire se tornan puros. Que toda la Naturaleza rebosa de alegría. Ahora imaginemos, en sentido contrario, que no hay vida sobre la tierra excepto los seres humanos. En este caso, los humanos no serían capaces de sobrevivir. Esta tierra creada por Dios y la canción que surge de la Naturaleza son perfectas en tono y ritmo. Sólo los seres humanos producen las notas discordantes.

2. La fuente de la paz y la armonía es el amor y la compasión. A través del amor, la tierna flor de nuestros corazones florecerá. Entonces se expandirá por todo el entorno la bella fragancia del amor.

3. El pájaro de la sociedad tiene dos alas: la ciencia y la espiritualidad. Las dos deben ir unidas. Ambas son necesarias para el progreso social. Si nos aferramos a los valores espirituales y avanzamos, entonces la ciencia se convertirá en una herramienta que posibilitará la paz mundial y la armonía.

4. No perdamos nunca nuestra fuerza interior. Sólo las mentes débiles ven el lado oscuro de las cosas y se vuelven confusas. Aquellos que son optimistas ven los rayos de la gracia de Dios en cualquier clase de oscuridad. La lámpara de esta fe está en nuestro interior. Encendamos esa

La compasión: el único camino hacia la Paz

lámpara. Después ella derramará su luz, guiando cada paso que demos. Que no nos paralice la memoria dolorosa de guerras y conflictos pasados. Olvidemos la oscura historia de odio y rivalidad y demos la bienvenida a una nueva era de fe, amor y unidad. Para ello tenemos que trabajar todos juntos. Ningún esfuerzo por pequeño que sea, será inútil. Hasta una flor que florece en medio del desierto tiene un gran valor. Esa es la actitud con la que tendríamos que realizar nuestras acciones. Tal vez nuestras habilidades sean limitadas, pero si remamos la barca de la vida con el remo del auto esfuerzo, entonces el viento de la gracia de Dios acudirá, sin duda, en nuestra ayuda.

5. Estemos dispuestos al cambio. De otro modo, nos veremos forzados a cambiar. Si no cambiamos, vendrá la muerte. Tenemos que elegir entre el cambio o la muerte.

6. La raza humana debería comprender que no es la única especie con derecho a la vida. ¡Cuántas especies ya se han extinguido! No basta con mostrarse amables y compasivos con los seres humanos, también hay que mostrar tal compasión hacia todos los seres vivos.

7. No escaparemos de la enfermedad destruyendo la población de mosquitos, gallinas y vacas.

La restauración de la armonía de la Naturaleza debe ser nuestra gran prioridad.

Si la fuente de la guerra está en la mente de los seres humanos, entonces también reside en ellos la fuente de la paz. Si queremos prevenir la guerra en un futuro, inculquemos valores éticos en nuestros hijos a temprana edad. Si queremos hacer yogurt, necesitamos añadir un poco de yogurt a la leche, remover y esperar un tiempo a que cuaje. De forma parecida, los padres deberían ser buenos ejemplos e impartir buenos valores a sus hijos. Esas cualidades surgirán después de forma natural dentro de esos jóvenes

Cuando Amma viaja por el mundo, las personas de países en guerra se acercan a ella. Amma ha escuchado a mujeres de esos países decir: "Nos despertamos por la mañana con el sonido de las balas y los gritos de la gente. Nuestros hijos se abrazan a nosotras temerosos y lloran. Nosotras también nos abrazamos a ellos y lloramos. Han pasado muchos años desde que nos despertábamos con el piar de los pájaros". Recemos para que el ruido de las pistolas sea reemplazado en esos lugares por el piar de los pájaros, y que tanto niños como ancianos cambien sus lágrimas por abiertas sonrisas.

La compasión: el único camino hacia la Paz

Amma a menudo siente que sería bien maravilloso si, como en algunos juegos infantiles, en lugar de lanzarse bombas y metrallas, se lanzaran chocolates y caramelos, o se expandieran bellas fragancias o iluminaran el cielo con todos los colores del arco iris. Si los destellos de la destrucción fueran los destellos de la compasión. Con las armas modernas, el ser humano puede alcanzar blancos bien precisos. ¡Ojala pudiéramos compasivamente llegar a los pobres, a los hambrientos y a los sin techo con la misma precisión!

Unámonos y mostremos al mundo que la compasión, el amor y la preocupación por nuestros semejantes no se ha desvanecido completamente de la faz de la tierra. Construyamos un nuevo mundo de paz y armonía, permaneciendo bien arraigados en los valores universales que han alimentado a la humanidad desde tiempos inmemoriales. Digamos adiós por siempre a las guerras y a la brutalidad, reduciéndolas a meros cuentos de hadas. Que seamos recordados en el futuro como la generación de la paz.

||Om lokah samastah sukhino bhavantu ||

www.ingramcontent.com/pod-product-compliance
Lightning Source LLC
Chambersburg PA
CBHW070042070426
42449CB00012BA/3135